Impressum
Verlag: BABADADA GmbH, Nedderfeld 112 , 22529 Hamburg
Geschäftsführer / Verlagsleitung: Harald Hof
Druck: Books on Demand GmbH, In de Tarpen 42, 22848 Norderstedt

Imprint
Publisher: BABADADA GmbH, Nedderfeld 112 , 22529 Hamburg, Germany
Managing Director / Publishing direction: Harald Hof
Print: Books on Demand GmbH, In de Tarpen 42, 22848 Norderstedt

school

בית ספר

klaslokaal
כיתה
delen
חילק
186/2
bord
לוח
speelplaats
leerkracht
מורה
papier
נייר
schrijven
כתב
pen
עט
bureau
שולחן עבודה
liniaal
סרגל
boek
ספר
leerling
תלמיד

schooltas

ילקוט

pennenzak

קלמר

potlood

עיפרון

puntenslijper

מחדד

gom

גומי מחיקה

tekenblok

חוברת סרטוט

tekening

סרטוט

verfborstel

מברשת

verfdoos

קופסת צבעים

schaar

מספריים

lijm

דבק

werkboek

ספר תרגול

huiswerk

שיעור בית

12

nummer

מספר

2+2

optellen

חיבר

5-2

aftrekken

חיסר

2×2

vermenigvuldigen

הכפיל

rekenen

חישב

A

letter

אות

ABCDEFG
HIJKLMN
OPQRSTU
VWXYZ

alfabet

אלפבית

hello

woord

מילה

tekst

טקסט

Lezen

קרא

krijt

גיר

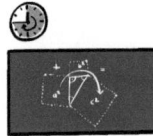

les

שיעור

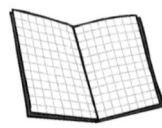

klassenboek

יומן נוכחות

examen

מבחן

certificaat

תעודה

schooluniform

תלבושת בית ספר

onderwijs

חינוך

encyclopedie

אנציקלופדיה

universiteit

אוניברסיטה

microscoop

מיקרוסקופ

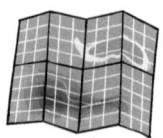

kaart

מפה

papiermand

סל נייר

reis

נסיעה

hotel
מלון
jeugdherberg
הוסטל
wisselkantoor
המרת מטבע
koffer
מזוודה
auto
אוטו

Taal

שפה

ja / nee

כן / לא

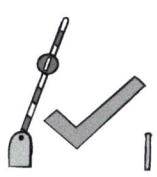

oké

בסדר

hallo

שלום

vertaler

מתרגם

bedankt

תודה

Hoeveel kost ...?

כמה עולה.....?

Ik begrijp het niet

אני לא מבין

probleem

בעיה

Goedenavond!

ערב טוב!

Goedemorgen!

בוקר טוב!

Goedenavond!

לילה טוב!

Tot ziens

להתראות

richting

כיוון

bagage

כבודה

zak

תיק

rugzak

תרמיל גב

gast

אורח

kamer

חדר

slaapzak

שק שינה

tent

אוהל

toeristeninformatie

מרכז מידע לתיירים

strand

חוף ים

kredietkaart

כרטיס אשראי

ontbijt

ארוחת בוקר

lunch

ארוחת צהריים

avondeten

ארוחת ערב

ticket

כרטיס

lift

מעלית

postzegel

בול

grens

גבול

douane

מכס

ambassade

שגרירות

visum

אשרה

paspoort

דרכון

transport

תחבורה

vliegtuig
מטוס
schip
אונייה
brandweerwagen
כבאית
bus
אוטובוס
vrachtwagen
משאית
motorboot
סירת מנוע
fiets
אופניים
auto
אוטו

veerboot

מעבורת

boot

סירה

motor

אופנוע

politiewagen

ניידת משטרה

racewagen

מכונית מרוץ

huurauto

רכב שכור

carpoolen

מכוניות בשיתוף

sleepwagen

אוטו גרר

vuilniswagen

משאית זבל

motor

מנוע

benzine

דלק

benzinestation

תחנת דלק

verkeersbord

תמרור

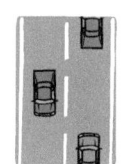

verkeer

תנועה

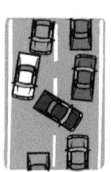

file

פקק תנועה

parkeerplaats

חניה

station

תחנת רכבת

sporen

פסי רכבת

trein

רכבת

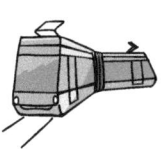

tram

רכבת קלה

wagon

קרון

helikopter

מסוק

luchthaven

שדה-תעופה

toren

מגדל

passagier

נוסע

container

קונטיינר

karton

קרטון

kar

עגלה

mand

סל

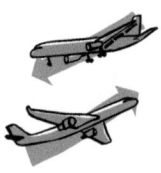

opstijgen / landen

המראה / נחיתה

stad

עיר

dorp

כפר

stadscentrum

מרכז העיר

huis

בית

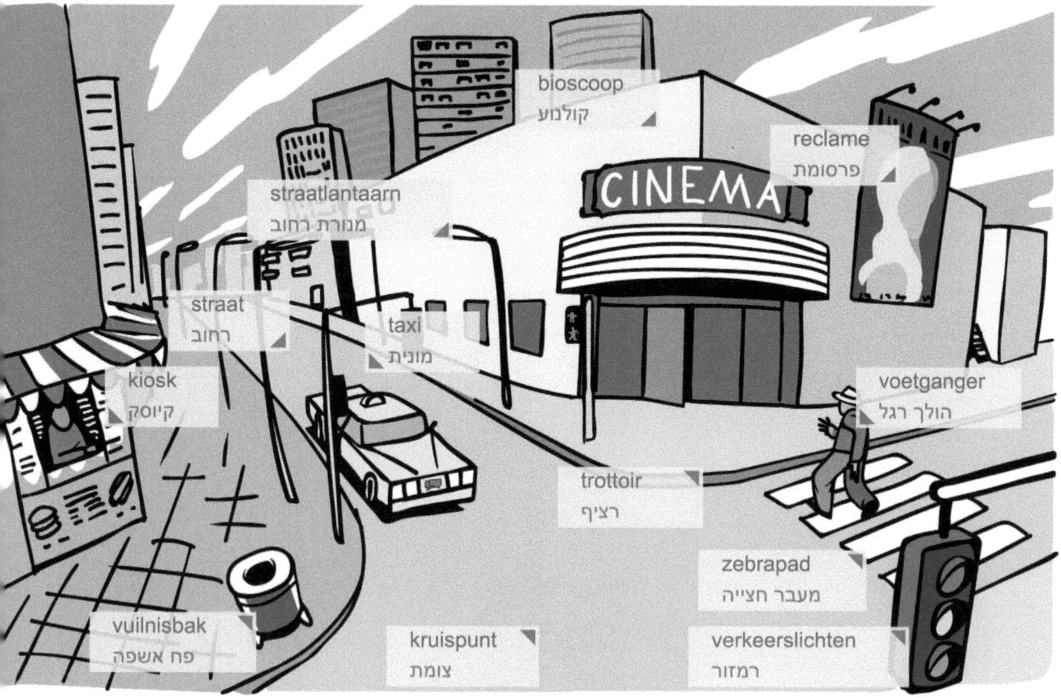

bioscoop
קולנוע

reclame
פרסומת

straatlantaarn
מנורת רחוב

CINEMA

straat
רחוב

taxi
מונית

kiosk
קיוסק

voetganger
הולך רגל

trottoir
רציף

zebrapad
מעבר חצייה

vuilnisbak
פח אשפה

kruispunt
צומת

verkeerslichten
רמזור

hut
בקתה

woning
דירה

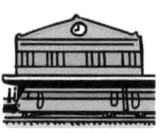

station
תחנת רכבת

stadshuis
עירייה

museum
מוזיאון

school
בית ספר

universiteit

אוניברסיטה

bank

בנק

ziekenhuis

בית חולים

hotel

מלון

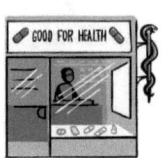

apotheek

בית מרקחת

kantoor

משרד

boekwinkel

חנות ספרים

winkel

חנות

bloemenwinkel

חנות פרחים

supermarkt

סופרמרקט

markt

שוק

warenhuis

כל-בו

vishandelaar

מוכר דגים

winkelcentrum

קניון

haven

נמל

park

פארק

bank

ספסל

brug

גשר

trap

מדרגות

metro

רכבת תחתית

tunnel

מנהרה

bushalte

תחנת אוטובוס

bar

בר

restaurant

מסעדה

brievenbus

תא דואר

straatnaambord

שלט רחוב

parkeermeter

מדחן

zoo

גן חיות

zwembad

בריכת שחיה

moskee

מסגד

boerderij

חווה

milieuverontreiniging

זיהום

kerkhof

בית עלמין

kerk

כנסייה

speelplaats

מגרש משחקים

tempel

בית מקדש

landschap

נוף

blad
עלה

wegwijzer
תמרור

weg
דרך

weide
מרעה

steen
אבן

boom
עץ

wandelaar
מטייל

rivier
נהר

gras
דשא

bloem
פרח

vallei

בקעה

heuvel

הר

meer

אגם

bos

יער

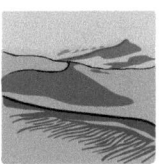

woestijn

מדבר

vulkaan

הר געש

kasteel

טירה

regenboog

קשת בענן

paddenstoel

פטריה

palmboom

דקל

mug

יתוש

vlieg

זבוב

mier

נמלה

bijl

דבורה

spin

עכביש

kever

חיפושית

kikker

צפרדע

eekhoorn

סנאי

egel

קיפוד

haas

ארנב

uil

ינשוף

vogel

ציפור

zwaan

ברבור

wild zwijn

חזיר בר

hert

צבי

eland

אייל הקורא

dam

סכר

windturbine

טורבינת רוח

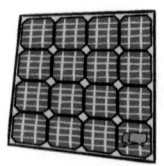

zonnepaneel

פנל סולארי

klimaat

אקלים

restaurant

מסעדה

ober
מלצר
menu
תפריט
stoel
כסא
soep
מרק
pizza
פיצה
bestek
סכו"ם
tafelkleed
מפת שולחן

voorgerecht
....
מנת פתיחה

hoofdgerecht
....
מנה עיקרית

nagerecht
....
קינוח

drankjes
....
שתיות

eten
....
אוכל

fles
....
בקבוק

fastfood

מזון מהיר

street food

אוכל רחוב

theepot

קנקן תה

suikerpot

מסכרת

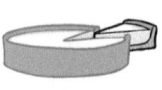

portie

מנה

espressomachine

מכונת אספרסו

kinderstoel

כסא תינוק

rekening

חשבון

dienblad

מגש

mes

סכין

vork

מזלג

lepel

כף

theelepel

כפית

serviette

מפית

glas

כוס

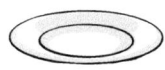

bord

צלחת

soepbord

קערת מרק

schoteltje

תחתית

saus

רוטב

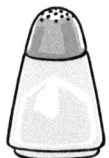

zoutvatje

מלחייה

pepermolen

מטחנת פלפל

azijn

חומץ

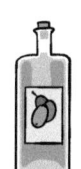

olie

שמן

kruiden

תבלינים

ketchup

קטשופ

mosterd

חרדל

mayonaise

מיונז

supermarkt
סופרמרקט

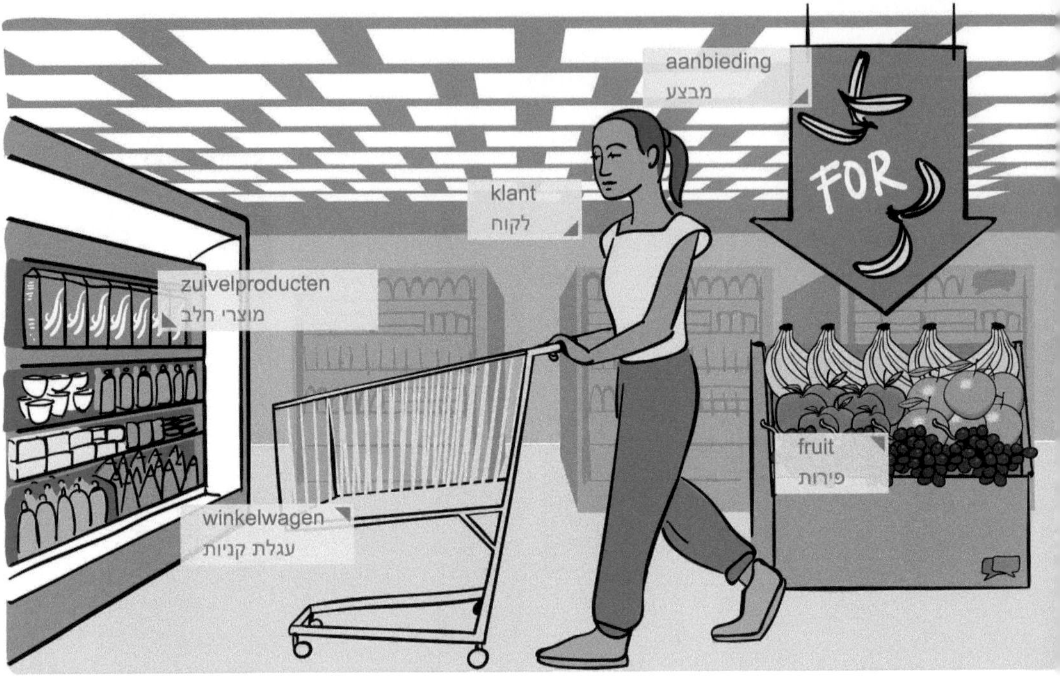

aanbieding
מבצע
FOR
klant
לקוח
zuivelproducten
מוצרי חלב
fruit
פירות
winkelwagen
עגלת קניות

BUTCHERS

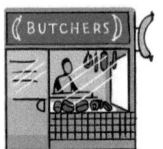

slagerij

אטליז

BAKERY

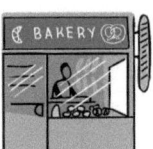

bakkerij

מאפייה

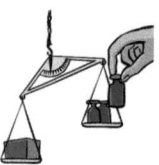

wegen

שקל

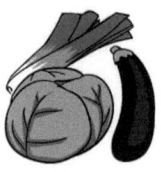

groenten

ירקות

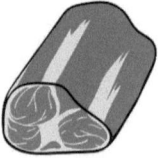

vlees

בשר

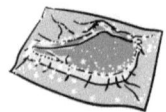

diepvriesvoedsel

מזון קפוא

charcuterie

בשר קר

conserven

שימורים

waspoeder

אבקת כביסה

snoep

ממתקים

huishoudproducten

מוצרי בית

schoonmaakproducten

חומר ניקוי

verkoopster

מוכרת

kassa

קופה

kassier

קופאי

boodschappenlijstje

רשימת קניות

openingstijden

שעות פתיחה

portefeuille

ארנק

kredietkaart

כרטיס אשראי

tas

תיק

plastieken zakje

שקית נילון

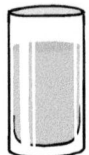

drankjes
שתיות

water

מים

sap

מיץ

melk

חלב

cola

קולה

wijn

יין

bier

בירה

alcohol

אלכוהול

cacao

קקאו

thee

תה

koffie

קפה

espresso

אספרסו

cappuccino

קפוצ'ינו

eten
אוכל

banaan

בננה

appel

תפוח

sinaasappel

תפוז

meloen

אבטיח

citroen

לימון

wortel

גזר

knoflook

שום

bamboe

במבוק

ajuin

בצל

champignon

פטריות

noten

אגוזים

noodles

אטריות

spaghetti

ספגטי

rijst

אורז

salade

סלט

frieten

צ'יפס

gebakken aardappelen

צ'יפס

pizza

פיצה

hamburger

המבורגר

sandwich

כריך

kalfslapje

שניצל

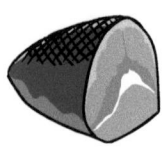

ham

שינקין

salami

סלאמי

worst

נקניקיה

kip

עוף

braden

טיגון

vis

דג

havervlokken

שיבולת שועל

muesli

מוזלי

cornflakes

קורנפלקס

bloem

קמח

croissant

קרואסון

pistolet

לחמנייה

brood

לחם

toast

טוסט

koekjes

עוגיות

boter

חמאה

kwark

גבינה לבנה

taart

עוגה

ei

ביצה

spiegelei

ביצת עין

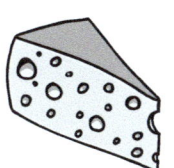

kaas

גבינה

ijs

גלידה

suiker

סוכר

honing

דבש

confituur

ריבה

choco

ממרח נוגט

curry

קארי

boerderij

חווה

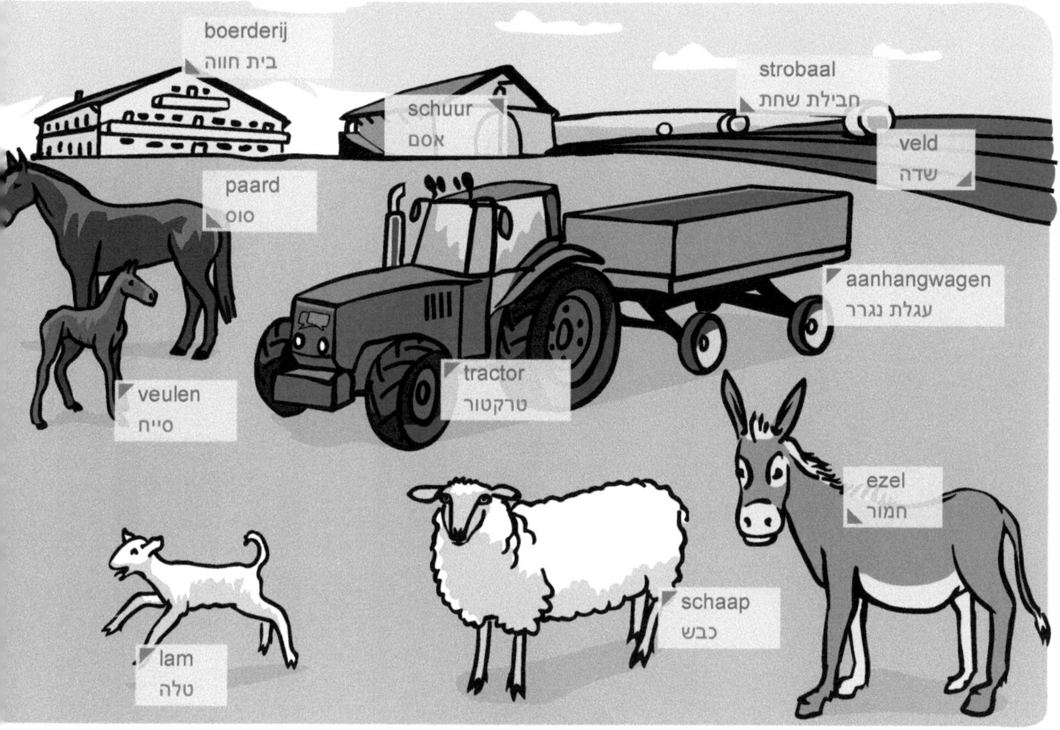
boerderij
בית חווה
schuur
אסם
strobaal
חבילת שחת
veld
שדה
paard
סוס
aanhangwagen
עגלת נגרר
tractor
טרקטור
veulen
סייח
ezel
חמור
schaap
כבש
lam
טלה

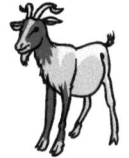

geit

עז

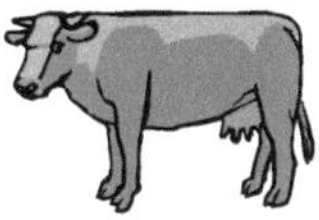

koe

פרה

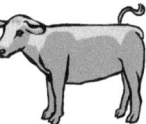

kalf

עגל

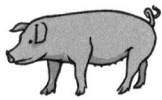

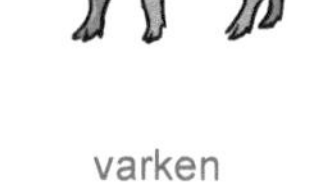

varken

חזיר

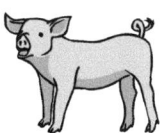

biggetje

חזרזיר

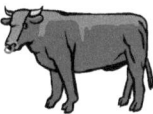

stier

שור

gans

אווז

eend

ברווז

kuiken

אפרוח

kip

תרנגולת

haan

תרנגול

rat

חולדה

kat

חתול

muis

עכבר

os

שור

hond

כלב

hondenhok

מלונה

tuinslang

צינור השקיה

gieter

קנקן מים

zeis

חרמש

ploeg

מחרשה

sikkel

מגל

schoffel

מגרפה

hooivork

קלשון

bijl

גרזן

kruiwagen

מריצה

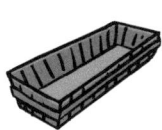

trog

שוקת

melkkan

כד חלב

zak

שק

hek

גדר

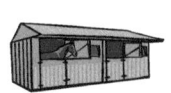

stal

אורווה

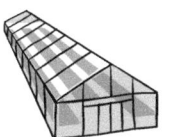

broeikas

חממה

bodem

אדמה

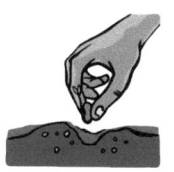

zaad

זרע

mest

דשן

maaidorser

מקצרה

oogsten

קצר

oogst

קציר

yam

בטטה אפריקנית

tarwe

חיטה

soja

סויה

aardappel

תפוח אדמה

maïs

תירס

koolzaad

קנולה

fruitboom

עץ פירות

maniok

קסבה

graan

דגנים

huis

בית

schoorsteen
ארובה
dak
גג
regenpijp
מרזב
raam
חלון
deurbel
פעמון
garage
מוסך
deur
דלת
vuilnisbak
פח אשפה
brievenbus
תיבת מכתבים
tuin
גינה

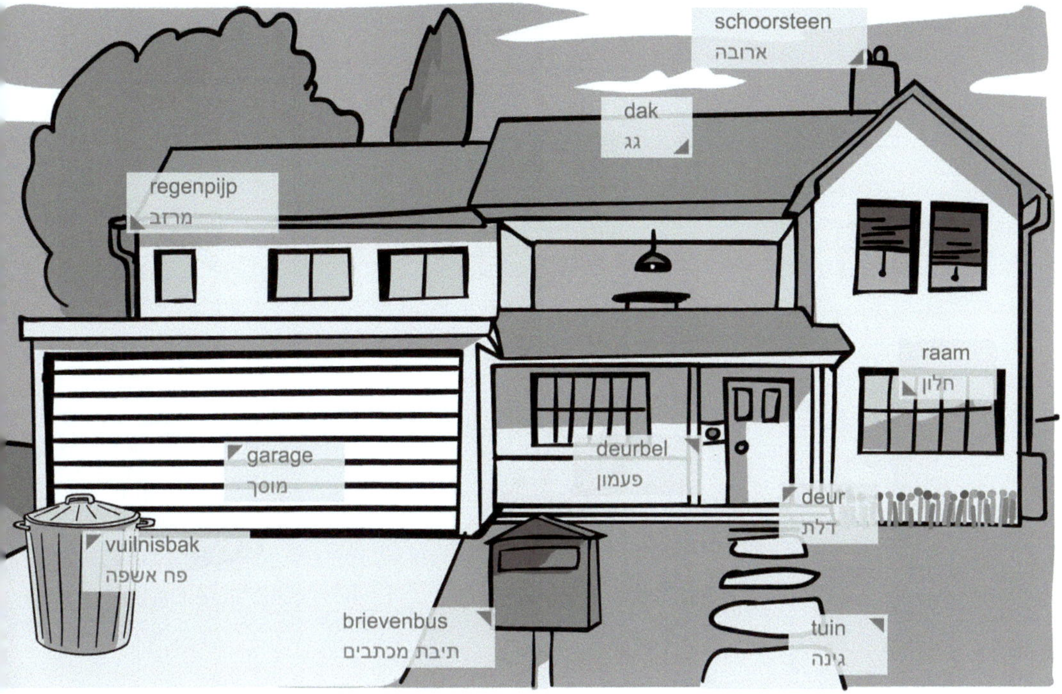

woonkamer

סלון

badkamer

חדר אמבטיה

keuken

מטבח

slaapkamer

חדר שינה

kinderkamer

חדר ילדים

eetkamer

חדר אוכל

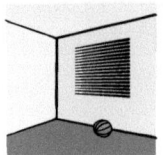

vloer

רצפה

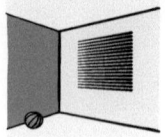

muur

קיר

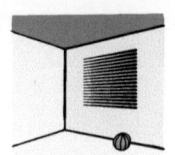

plafond

תקרה

kelder

מרתף

sauna

סאונה

balkon

מרפסת

terras

מרפסת

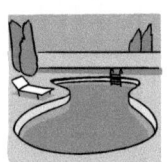

zwembad

בריכה

grasmaaier

מכסחת דשא

dekbedovertrek

סדין

dekbed

כיסוי מיטה

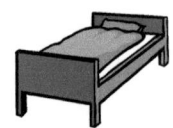

bed

מיטה

bezem

מטאטא

emmer

דלי

schakelaar

מפסק

woonkamer
סלון

behangpapier
טפט
foto
תמונה
lamp
מנורה
schap
מדף
kast
ארון
televisie
טלוויזיה
open haard
אח
bloem
פרח
kussen
כרית
sofa
ספה
vaas
אגרטל
afstandsbediening
שלט רחוק

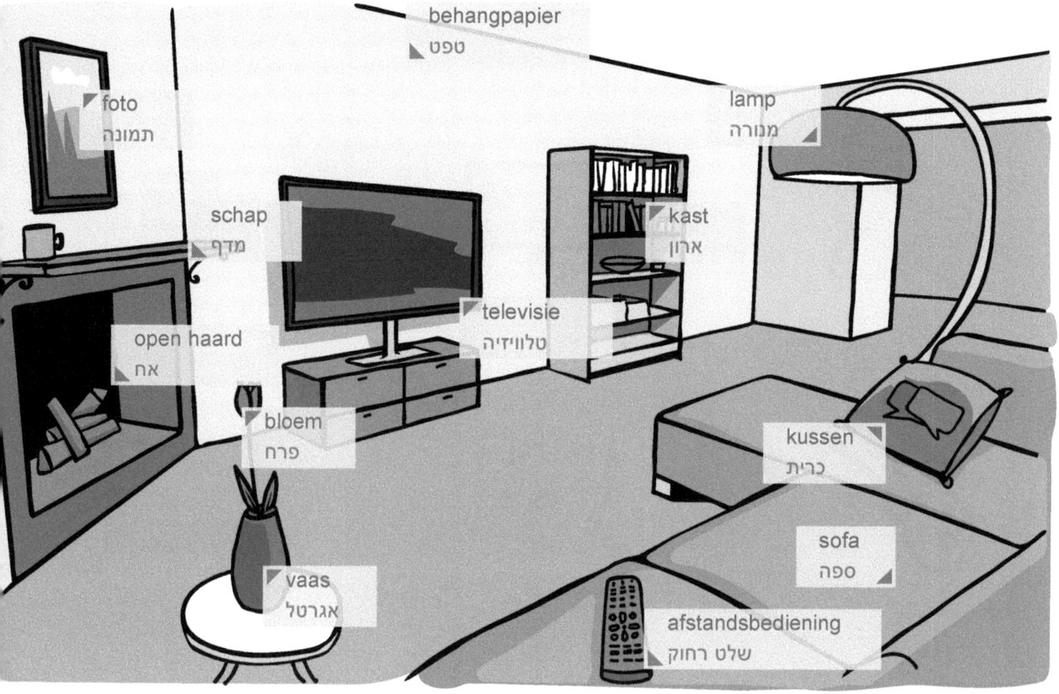

mat

שטיח

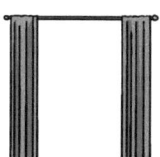

gordijn

וילון

tafel

שולחן

stoel

כסא

schommelstoel

כיסא נדנדה

fauteuil

כורסה

boek

ספר

deken

שמיכה

decoratie

דקורציה

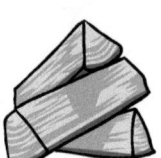

brandhout

עצי הסקה

film

סרט

stereo-installatie

מערכת סטריאו

sleutel

מפתח

krant

עיתון

schilderij

ציור

poster

פוסטר

radio

רדיו

notitieboekje

מחברת

stofzuiger

שואב אבק

cactus

קקטוס

kaars

נר

keuken

מטבח

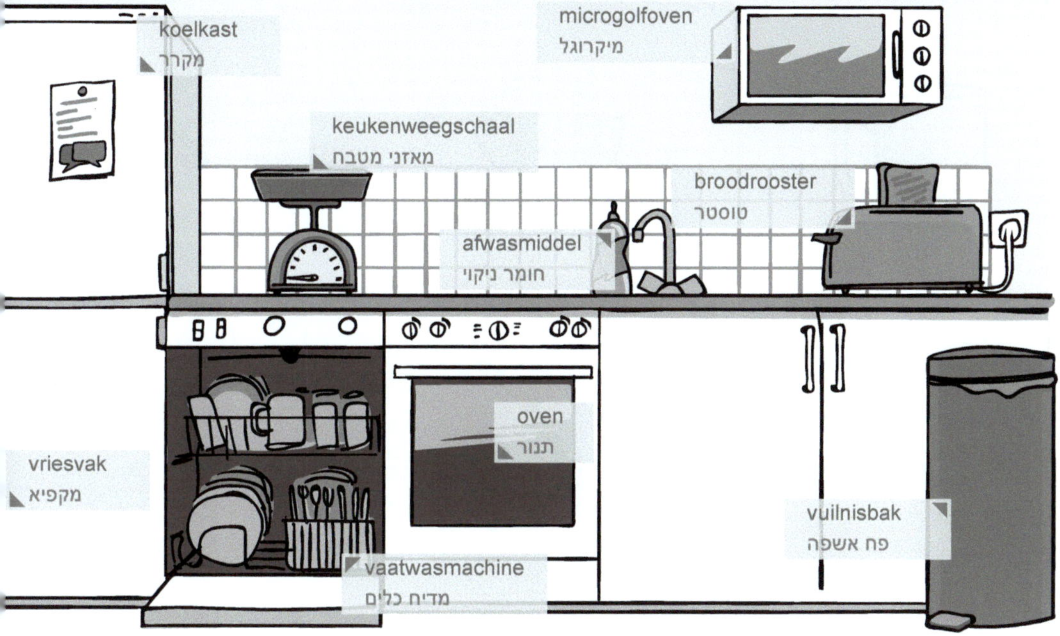
koelkast
מקרר
microgolfoven
מיקרוגל
keukenweegschaal
מאזני מטבח
broodrooster
טוסטר
afwasmiddel
חומר ניקוי
oven
תנור
vriesvak
מקפיא
vuilnisbak
פח אשפה
vaatwasmachine
מדיח כלים

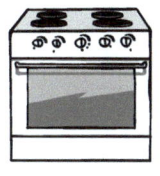

fornuis

תנור

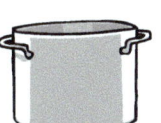

pot

סיר

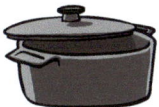

gietijzeren pot

סיר ברזל

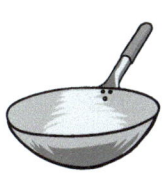

wok / kadai

ווק

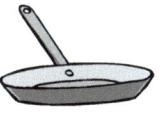

pan

מחבת

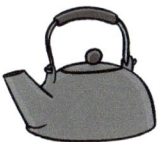

waterkoker

קומקום חשמלי

stoomkoker

מאדה

bakplaat

מגש אפייה

servies

כלי אוכל

mok

ספל

kom

קערה

eetstokjes

צ'ופסטיקס

pollepel

מצקת

spatel

מרית

garde

מטרפה

vergiet

מסננת בישול

zeef

מסננת

rasp

מגרדת

mortier

מכתש

barbecue

גריל

haardvuur

מדורה

snijplank

קרש חיתוך

deegrol

מערוך

kurkentrekker

פותחן פקקים

blik

פחית

blikopener

פותחן קופסאות

pannenlap

מטלית

gootsteen

כיור

borstel

מברשת

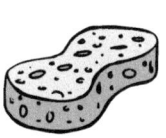

spons

ספוג

blender

בלנדר

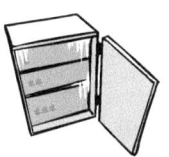

vriezer

מקפיא

papfles

בקבוק לתינוק

kraan

ברז

badkamer

חדר אמבטיה

verwarming
חימום
handdoek
מגבת
douche
מקלחת
douchegordijn
וילון מקלחת
bubbelbad
אמבטיית קצף
badkuip
אמבטיה
wasmachine
מכונת כביסה
tegels
אריחים
kraan
ברז
glas
כוס
kinderpo
סיר לילה
gootsteen
כיור

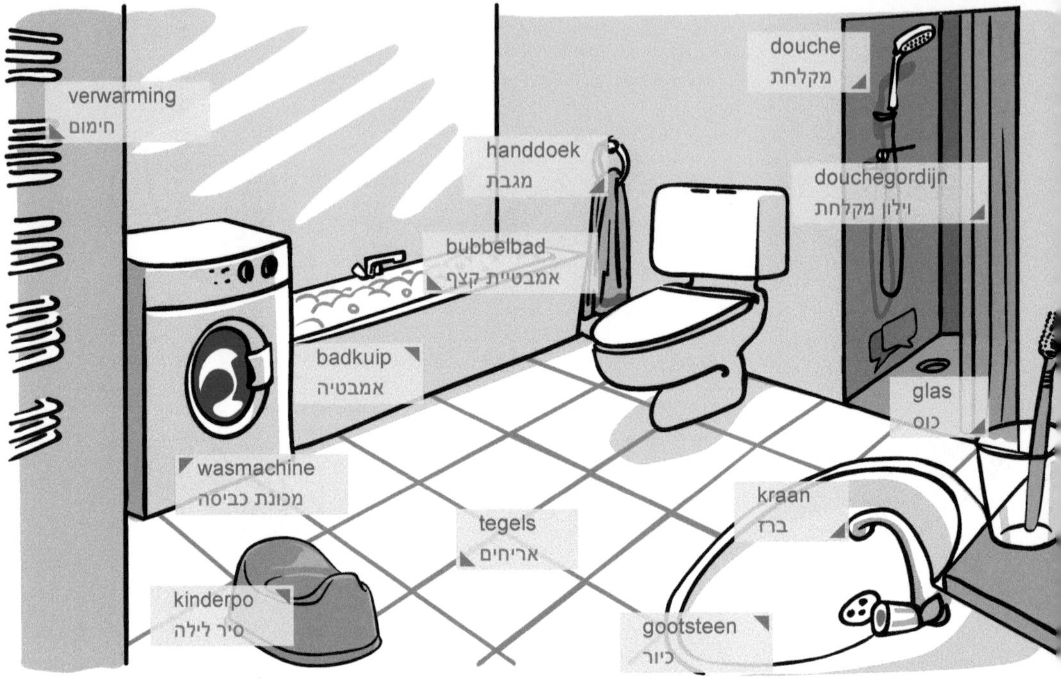

toilet

אסלה

hurktoilet

אסלת כריעה

bidet

בידה

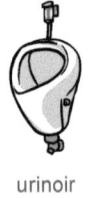

urinoir

משתנה

toiletpapier

נייר טואלט

toiletborstel

מברשת אסלה

tandenborstel

מברשת שיניים

tandpasta

משחת שיניים

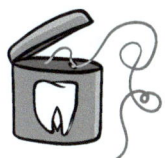

flosdraad

חוט דנטלי

wassen

שטף

handdouche

מקלחת יד

bidethanddouche

צינור שטיפה לשירותים

waskom

קערת רחצה

rugborstel

מברשת גב

zeep

סבון

douchegel

ג'ל רחצה

shampoo

שמפו

washandje

ליפה

afvoer

ניקוז

crème

קרם

deodorant

דיאודורנט

spiegel

מראה

handspiegel

מראת יד

scheermes

סכין גילוח

scheerschuim

קצף גילוח

aftershave

אפטרשייב

kam

מסרק

borstel

מברשת

haardroger

מייבש שיעור

haarlak

ספריי לשיער

make-up

איפור

lippenstift

שפתון

nagellak

לק

watten

צמר גפן

nagelknipper

מספריים לציפורניים

parfum

בושם

toilettas

תיק כלי רחצה

kruk

שרפרף

weegschaal

משקל

badjas

חלוק רחצה

latex handschoenen

כפפות גומי

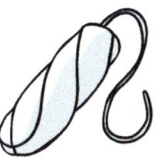

tampon

טמפון

maandverband

תחבושת סניטרית

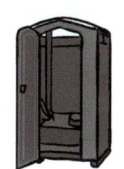

chemisch toilet

שירותים כימיקליים

kinderkamer

חדר ילדים

wekker
שעון מעורר
knuffel
צעצוע חיבוק
speelgoedauto
מכונית צעצוע
rammelaar
רעשן
poppenhuis
בית בובות
geschenk
מתנה

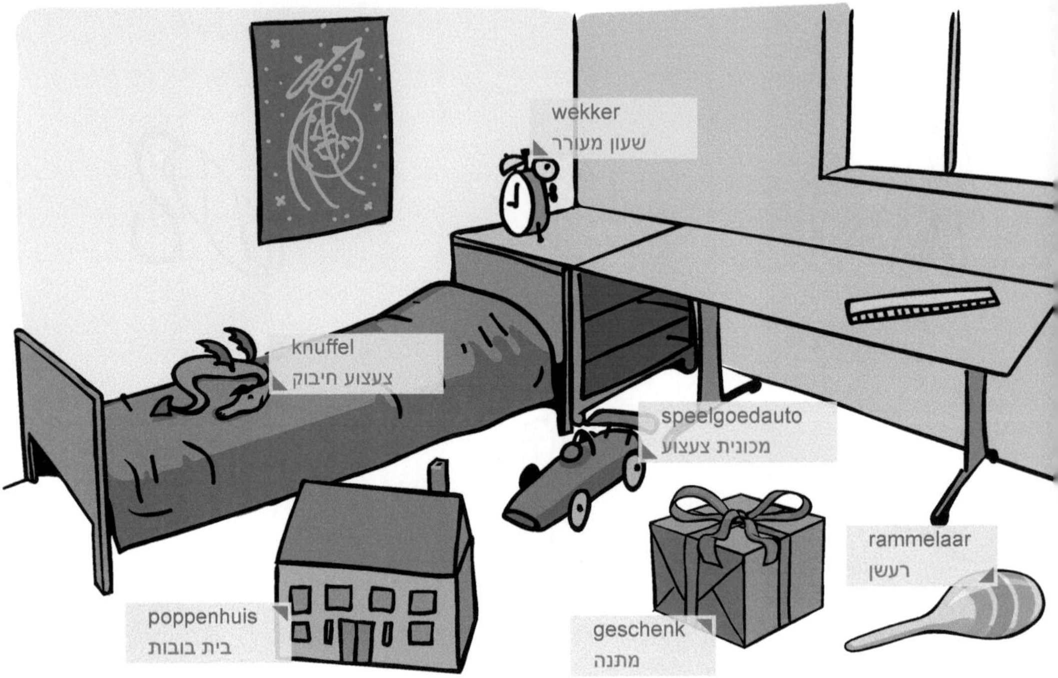

ballon

בלון

bed

מיטה

kinderwagen

עגלה

spel kaarten

משחק קלפים

puzzel

פאזל

stripboek

קומיקס

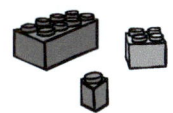

legoblokjes

לגו

blokken

קוביות משחק

actiefiguur

דמות משחק

kruippakje

סרבל תינוקות

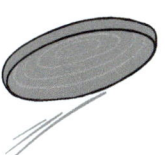

frisbee

פריזבי

mobiel

נייד

bordspel

משחק לוח

dobbelsteen

קוביה

modelspoorweg

רכבת צעצוע

fopspeen

מוצץ

feest

מסיבה

prentenboek

אלבום תמונות

bal

כדור

pop

בובה

spelen

שיחק

zandbak

ארגז חול

schommel

נדנדה

speelgoed

צעצועים

spelconsole

קונסולת משחקים

driewieler

אופניים תלת גלגלי

knuffelbeer

דובון

kleerkast

ארון בגדים

kleding

בגדים

sokken

גרביים

kousen

גרביונים

maillot

גרביון

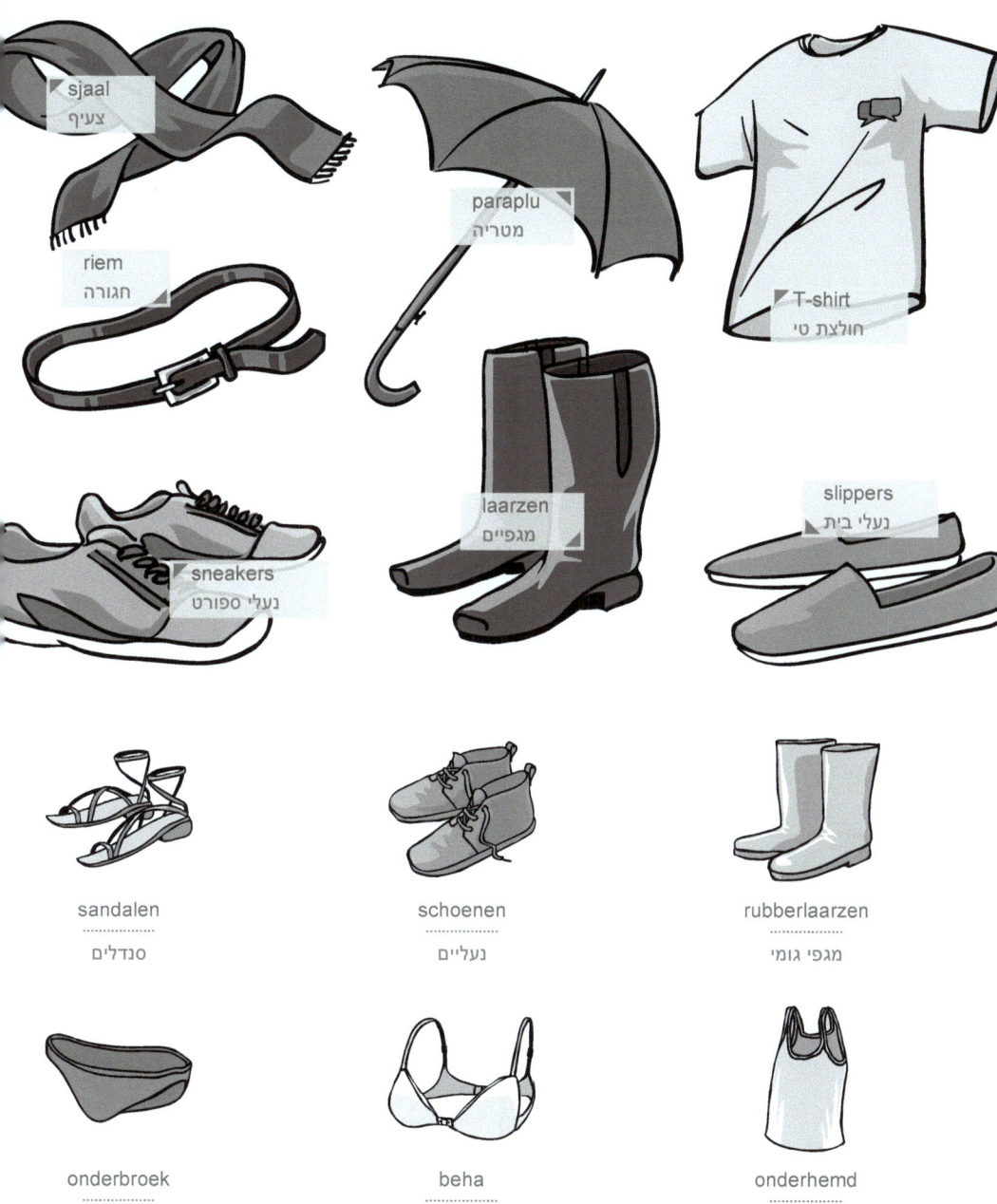

sjaal
צעיף

paraplu
מטריה

T-shirt
חולצת טי

riem
חגורה

laarzen
מגפיים

slippers
נעלי בית

sneakers
נעלי ספורט

sandalen
סנדלים

schoenen
נעליים

rubberlaarzen
מגפי גומי

onderbroek
תחתונים

beha
חזייה

onderhemd
וסט

lichaam

גוף

broek

מכנסיים

jeans

ג'ינס

rok

חצאית

blouse

חולצה מכופתרת

hemd

חולצה

trui

אפודה

capuchontrui

סווצ'ר עם קפוצ'ון

blazer

בלייזר

jas

ז'קט

jas

מעיל

regenjas

מעיל גשם

kostuum

תלבושת

jurk

שמלה

trouwjurk

שמלת כלה

pak

חליפה

nachthemd

כותונת לילה

pyjama

פיג'מה

sari

סארי

hoofddoek

מטפחת ראש

tulband

טורבן

boerka

בורקה

kaftan

קאפטן

abaya

עבאיה

badpak

בגד ים

zwembroek

בגד ים

short

מכנסיים קצרים

trainingspak

בגד אימון

schort

סינר

handschoenen

כפפות

knoop

כפתור

bril

משקפיים

armband

צמיד יד

ketting

שרשרת

ring

טבעת

oorbel

עגיל

pet

כובע

kapstok

קולב

hoed

כובע

das

עניבה

rits

רוכסן

helm

קסדה

bretellen

כתפיות

schooluniform

תלבושת בית ספר

uniform

מדים

slabbetje

מפית אוכל

fopspeen

מוצץ

luier

חיתול

kantoor

משרד

server
שרת

dossierkast
תיקייה

printer
מדפסת

monitor
מסך

papier
נייר

bureau
שולחן עבודה

muis
עכבר

map
תיק

toestenbord
מקלדת

papiermand
סל נייר

computer
מחשב

stoel
כסא

koffiemok

ספל קפה

rekenmachine

מחשבון

internet

אינטרנט

laptop

מחשב נייד

brief

מכתב

bericht

הודעה

gsm

נייד

netwerk

רשת

kopieerapparaat

מכונת צילום

software

תוכנה

telefoon

טלפון

stopcontact

שקע

fax

פקס

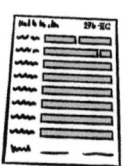

formulier

טופס

document

מסמך

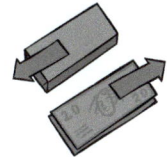

kopen

קנה

betalen

שילם

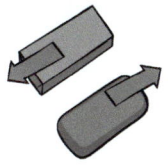

handelen

סחר

geld

כסף

dollar

דולר

euro

יורו

yen

ין

roebel

רובל

Zwitserse frank

פרנק שווייצרי

Chinese renminbi

יואן רנמינבי

roepie

רופי

geldautomaat

כספומט

wisselkantoor

המרת מטבע

goud

זהב

zilver

כסף

olie

נפט

energie

אנרגיה

prijs

מחיר

contract

חוזה

belasting

מס

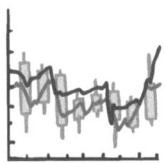

aandeel

מנייה

werken

עבד

werknemer

עובד

werkgever

מעסיק

fabriek

מפעל

winkel

חנות

beroepen
מקצועות

politieagent
שוטר
brandweerman
כבאי
kok
טבח
dokter
רופא
piloot
טייס

tuinman

גנן

timmerman

נגר

naaister

תופרת

rechter

שופט

chemicus

כימאי

acteur

שחקן

buschauffeur

נהג אוטובוס

taxichauffeur

נהג מונית

visser

דייג

schoonmaakster

עובדת נקיון

dakdekker

מתקן גגות

ober

מלצר

jager

צייד

schilder

צייר

bakker

אופה

elektricien

חשמלאי

bouwvakker

עובד בניין

ingenieur

מהנדס

slager

קצב

loodgieter

אינסטלטור

postbode

דוור

soldaat

חייל

architect

אדריכל

kassier

קופאי

bloemist

מוכר פרחים

kapper

ספר

conducteur

כרטיסן

mecanicien

מכונאי

kapitein

קברניט

tandarts

רופא שיניים

wetenschapper

מדען

rabbijn

רב

imam

אימאם

monnik

נזיר

geestelijke

כומר

werktuigen

כלי עבודה

tang
צבת
hamer
פטיש
schroevendraaier
מברג
zaklamp
פנס
schroefsleutel
מפתח ברגים

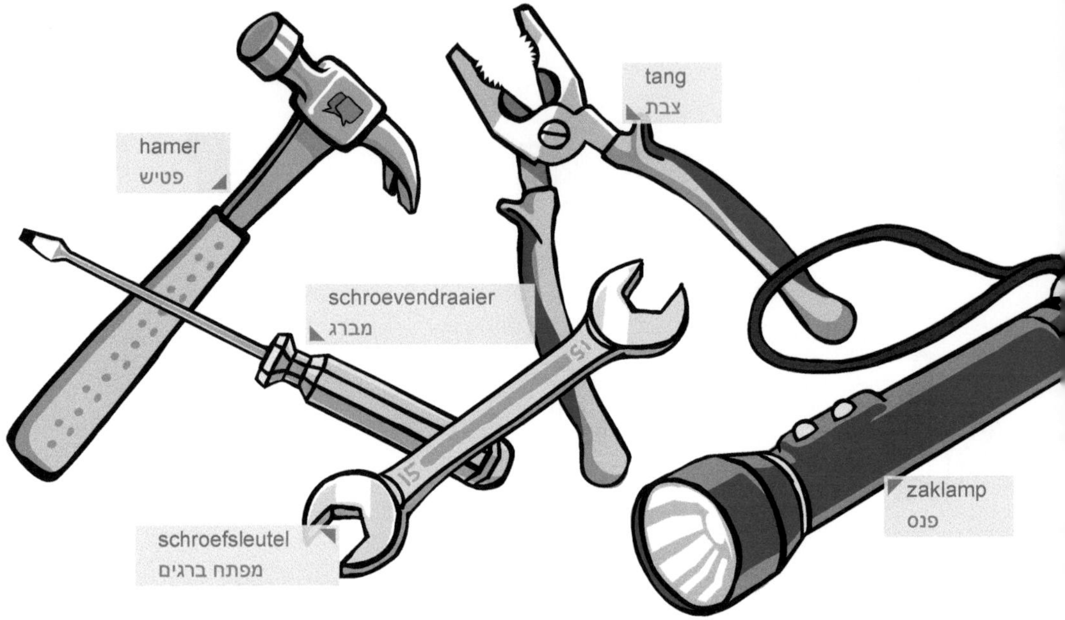

graafmachine

דחפור

gereedschapskoffer

ארגז כלים

ladder

סולם

zaag

מסור

spijkers

מסמרים

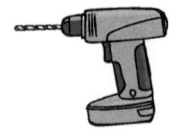

boormachine

מקדחה

repareren

תיקון

schop

את חפירה

Verdomme!

לעזאזל!

blik

יעה

verfpot

פח צבע

schroeven

ברגים

muziekinstrumenten

כלי נגינה

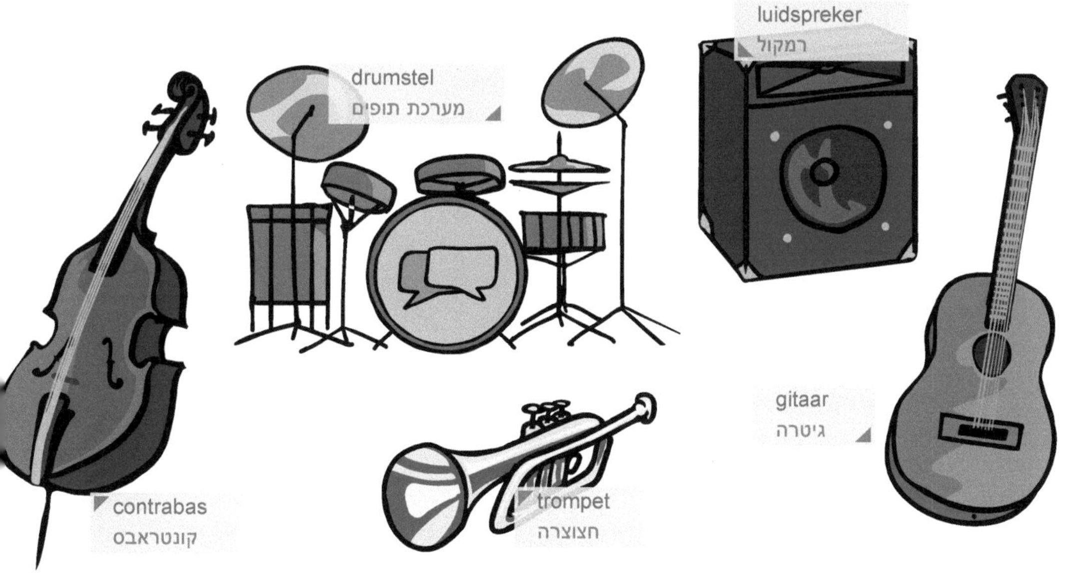

luidspreker
רמקול

drumstel
מערכת תופים

gitaar
גיטרה

contrabas
קונטראבס

trompet
חצוצרה

piano

פסנתר

viool

כינור

basgitaar

בס

pauk

תוף הדוד

trommels

תופים

keyboard

מקלדת פסנתר

saxofoon

סקסופון

fluit

חליל

microfoon

מיקרופון

ZOO

גן חיות

ingang
כניסה
tijger
נמר
kooi
כלוב
zebra
זברה
diereneten
מזון לחיות
panda
פנדה

dieren

בעלי חיים

olifant

פיל

kangoeroe

קנגרו

neushoorn

קרנף

gorilla

גורילה

beer

דוב

kameel

גמל

struisvogel

יען

leeuw

אריה

aap

קוף

flamingo

פלמינגו

papegaai

תוכי

ijsbeer

דוב הקרח

pinguïn

פינגווין

haai

כריש

pauw

טווס

slang

נחש

krokodil

תנין

dierenverzorger

שומר גן החיות

zeehond

כלב ים

jaguar

יגואר

pony

סוס פוני

luipaard

לאופרד

nijlpaard

היפופוטאם

giraffe

ג'ירפה

adelaar

נשר

wild zwijn

חזיר בר

vis

דג

zeeschildpad

צב

walrus

סוס ים

vos

שועל

gazelle

איילה

sporten

ספורט

rugby
פוטבול אמריקאי
wielrennen
רכיבת אופניים
tennis
טניס
basketbal
כדורסל
zwemmen
שחיה
boksen
אגרוף
ijshockey
הוקי

voetbal

כדורגל

badminton

בדמינטון

atletiek

אתלטיקה

handbal

כדור-יד

skiën

עשה סקי

polo

פולו

activiteiten

פעילויות

lachen
צחק
springen
קפץ
knuffelen
חיבק
wandelen
הלך
zingen
שר
dromen
חלם
bidden
התפלל
kussen
נשק

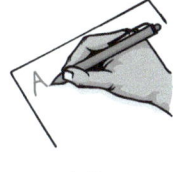

schrijven
כתב

tekenen
צייר

tonen
הראה

duwen
דחף

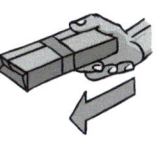

geven
נתן

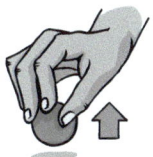

nemen
לקח

hebben

יש / להיות הבעלים

doen

עשה

zijn

היה

staan

עמד

lopen

רץ

trekken

משך

gooien

זרק

vallen

נפל

liggen

שכב

wachten

חיכה

dragen

סחב

zitten

ישב

aankleden

התלבש

slapen

ישן

ontwaken

התעורר

kijken naar

הסתכל ב-

wenen

בכה

aaien

ליטף

kammen

סירק

praten

דיבר

begrijpen

הבין

vragen

שאל

luisteren

שמע

drinken

שתה

eten

אכל

opruimen

סידר

houden van

אהב

koken

בישל

rijden

נהג

vliegen

עף

zeilen

שט

rekenen

חישב

Lezen

קרא

leren

למד

werken

עבד

trouwen

התחתן

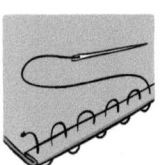

naaien

תפר

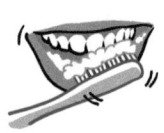

tandenpoetsen

ציחצח שיניים

doden

הרג

roken

עישן

sturen

שלח

familie

משפחה

grootmoeder
סבתא
grootvader
סבא
vader
אבא
moeder
אימא
baby
תינוק
dochter
בת
zoon
בן

gast
אורח

tante
דודה

oom
דוד

broer
אח

zus
אחות

lichaam

גוף

voorhoofd
מצח
oog
עין
schouder
כתף
vinger
אצבע
gezicht
פנים
kin
סנטר
hand
כף יד
been
רגל
borst
חזה
arm
זרוע

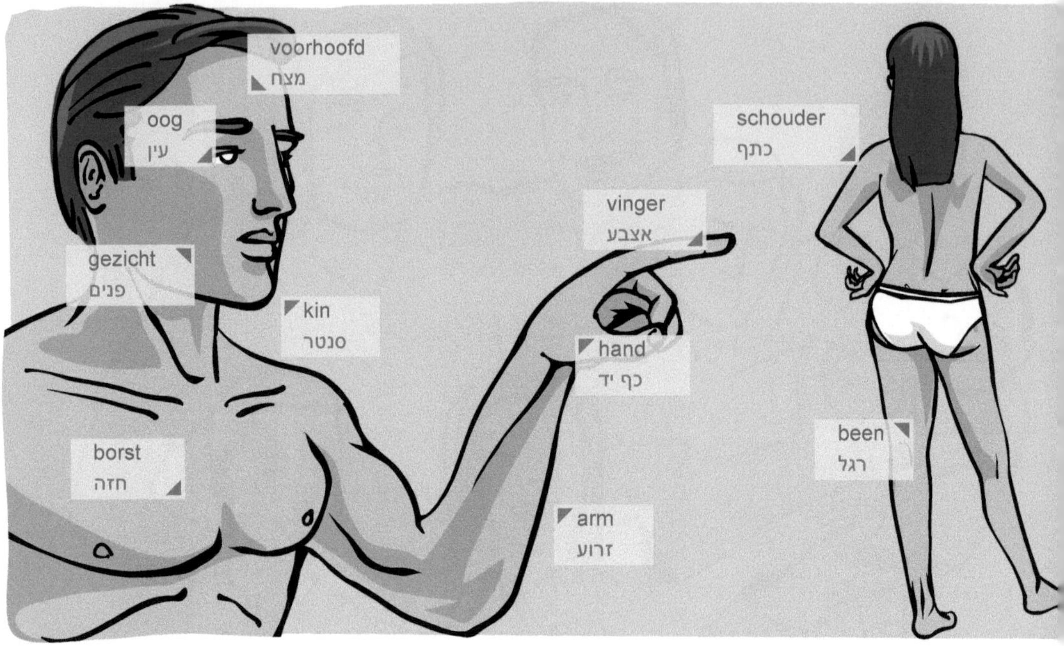

baby

תינוק

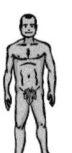

man

איש

vrouw

אישה

meisje

ילדה

jongen

ילד

hoofd

ראש

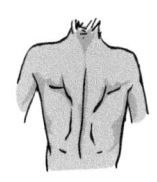

rug

גב

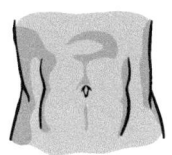

buik

בטן

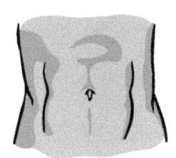

navel

טבור

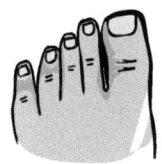

teen

אצבע

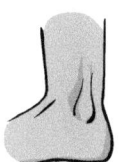

hiel

עקב

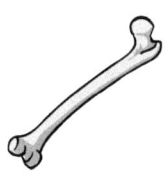

bot

עצם

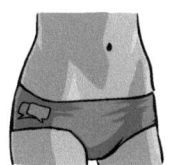

heup

ירך

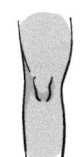

knie

ברך

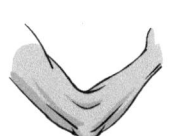

elleboog

מרפק

neus

אף

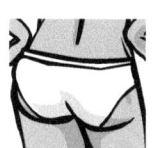

zitvlak

עכוז

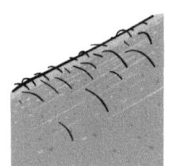

huid

עור

wang

לחי

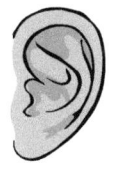

oor

אוזן

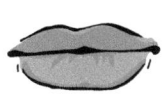

lip

שפתיים

mond

פה

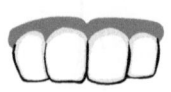

tand

שן

tong

לשון

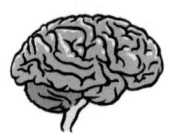

hersenen

מוח

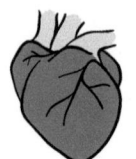

hart

לב

spier

שריר

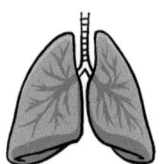

long

ריאה

lever

כבד

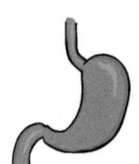

maag

קיבה

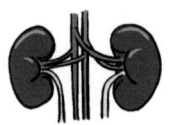

nieren

כליות

seks

מין

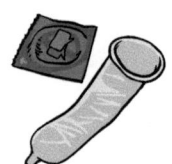

condoom

קונדום

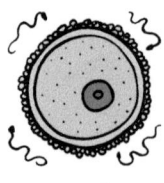

eicel

ביצית

sperma

זרע

zwangerschap

הריון

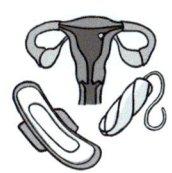

menstruatie

ווסת

vagina

נרתיק

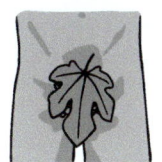

penis

פין

wenkbrauw

גבה

haar

שיער

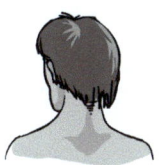

nek

צוואר

ziekenhuis
בית חולים

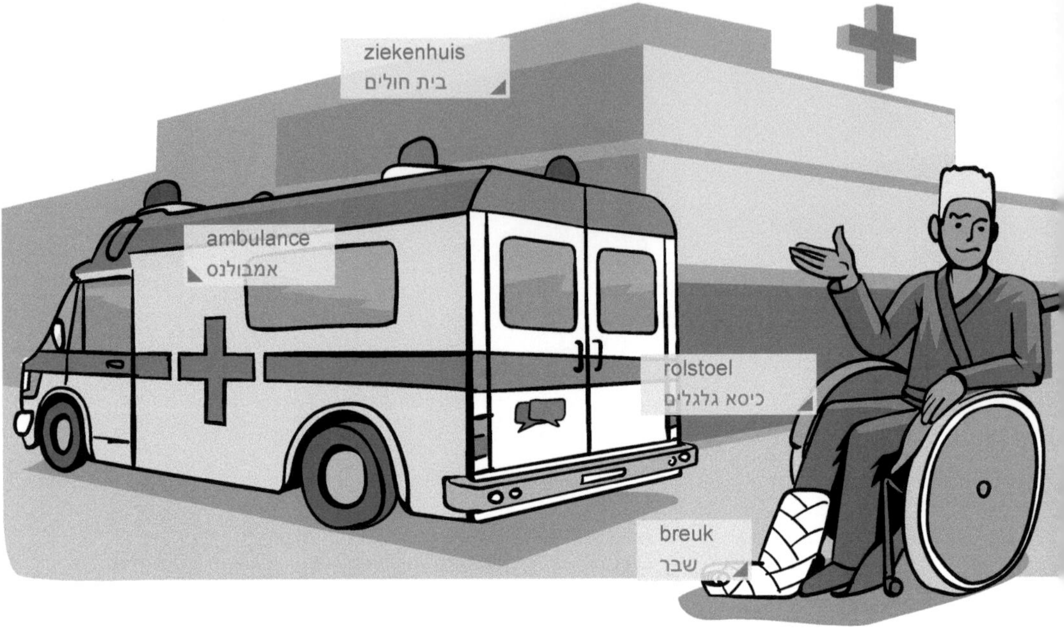

ziekenhuis
בית חולים

ambulance
אמבולנס

rolstoel
כיסא גלגלים

breuk
שבר

dokter

רופא

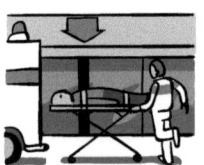

spoed

חדר מיון

verpleegkundige

אחות

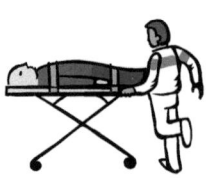

noodgeval

חירום

bewusteloos

חסר הכרה

pijn

כאב

verwonding

פציעה

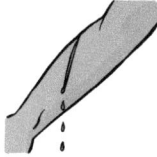

bloeding

דימום

hartaanval

התקף לב

beroerte

שבץ

allergie

אלרגיה

hoest

שיעול

koorts

חום

griep

שפעת

diarree

שלשול

hoofdpijn

כאב ראש

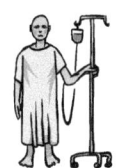

kanker

סרטן

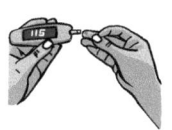

diabetes

סוכרת

chirurg

מנתח

scalpel

אזמל

operatie

ניתוח

CT

סי-טי

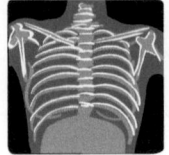

röntgenstraal

רנטגן

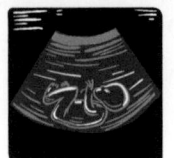

ultrageluid

אולטרסאונד

gezichtsmasker

מסיכת פנים

ziekte

מחלה

wachtkamer

חדר המתנה

kruk

קבה

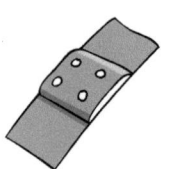

pleister

פלסטר

verband

תחבושת

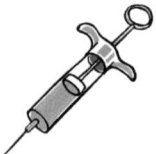

injectie

זריקה

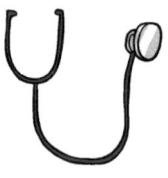

stethoscoop

סטטוסקופ

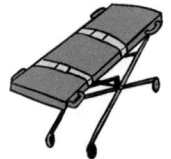

brancard

אלונקה

thermometer

מד חום

geboorte

לידה

overgewicht

עודף משקל

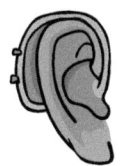

hoorapparaat

מכשיר שמיעה

ontsmettingsmiddel

מחטא

infectie

זיהום

virus

נגיף

HIV / AIDS

איידס

medicijn

תרופה

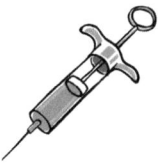

vaccinatie

חיסון

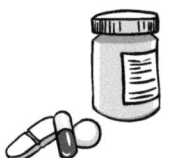

tabletten

טבליות

pil

גלולה

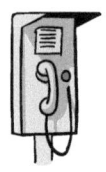

noodoproep

קריאת חירום

bloeddrukmeter

מד לחץ דם

ziek / gezond

חולה / בריא

Help!

הצילו!

alarm

אזעקה

overval

פשיטה

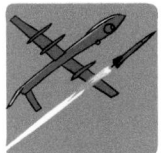

aanval

תקיפה

gevaar

סכנה

nooduitgang

יציאת חירום

Brand!

אש!

brandblusser

מטף כיבוי

ongeval

תאונה

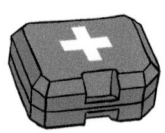

EHBO-kit

ערכת עזרה ראשונה

SOS

הצילו!

politie

משטרה

aarde

כדור הארץ

Europa

אירופה

Noord-Amerika

צפון אמריקה

Zuid-Amerika

דרום אמריקה

Afrika

אפריקה

Azië

אסיה

Australië

אוסטרליה

Atlantische Oceaan

האוקיינוס האטלנטי

Stille Oceaan

האוקיינוס השקט

Indische Oceaan

האוקיינוס ההודי

Antarctische Oceaan

האוקיינוס האנטרקטי

Arctische Oceaan

האוקיינוס הארקטי

Noordpool

הקוטב הצפוני

Zuidpool

הקוטב הדרומי

Antarctica

אנטארקטיקה

aarde

כדור הארץ

land

אדמה

zee

ים

eiland

אי

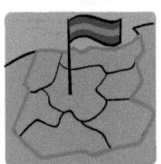

natie

לאום

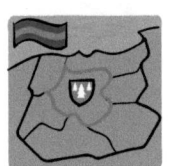

staat

מדינה

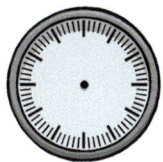

klok
שעון

wijzerplaat

פני השעון

uurwijzer

מחוג השעות

minuutwijzer

מחוג הדקות

secondewijzer

מחוג השניות

Hoe laat is het?

מה השעה?

dag

יום

tijd

זמן

nu

עכשיו

digitale horloge

שעון דיגיטלי

minuut

דקה

uur

שעה

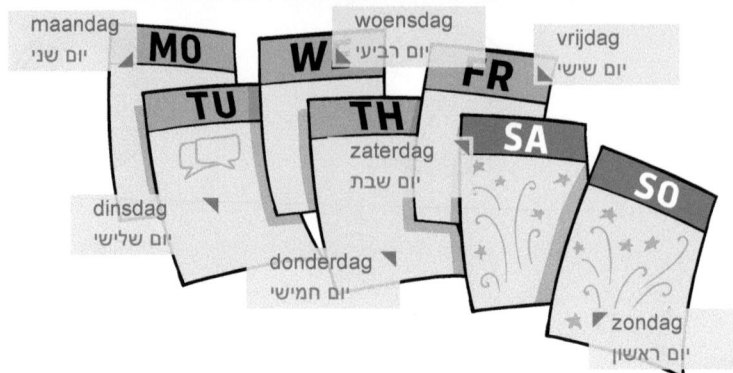

week

שבוע

maandag
יום שני
dinsdag
יום שלישי
woensdag
יום רביעי
donderdag
יום חמישי
vrijdag
יום שישי
zaterdag
יום שבת
zondag
יום ראשון
MO
TU
W
TH
FR
SA
SO

gisteren

אתמול

vandaag

היום

morgen

מחר

ochtend

בוקר

middag

צהריים

avond

ערב

werkdagen

ימי עבודה

weekend

סוף שבוע

jaar
שנה

regen
גשם
regenboog
קשת בענן
sneeuw
שלג
wind
רוח
lente
אביב
herfst
סתיו
zomer
קיץ
winter
חורף

4.APRIL 11°
5.APRIL 4°
6.APRIL 13°
7.APRIL 8°
8.APRIL 10°

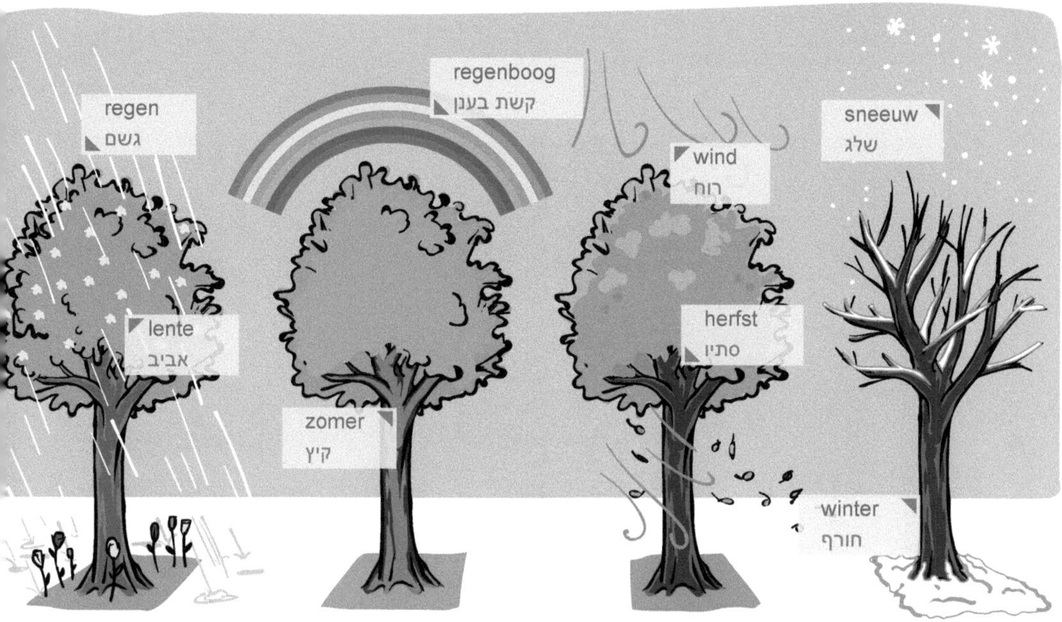

weervoorspelling
....
תחזית מזג האוויר

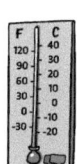

thermometer
....
מד חום

zonneschijn
....
אור שמש

wolk
....
ענן

mist
....
ערפל

vochtigheid
....
לחות

bliksem

ברק

donder

רעם

storm

סערה

hagel

ברד

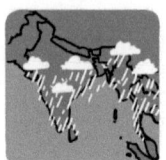

moesson

רוח עונתי

overstroming

שיטפון

ijs

קרח

januari

ינואר

februari

פברואר

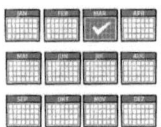

maart

מרץ

april

אפריל

mei

מאי

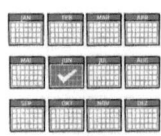

juni

יוני

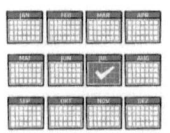

juli

יולי

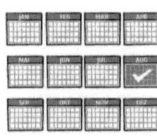

augustus

אוגוסט

september

ספטמבר

oktober

אוקטובר

november

נובמבר

december

דצמבר

vormen

צורות

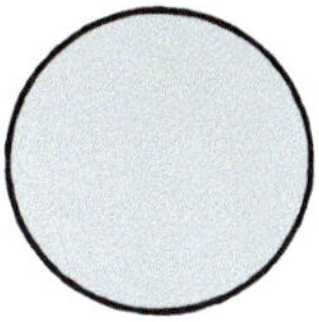

cirkel

עיגול

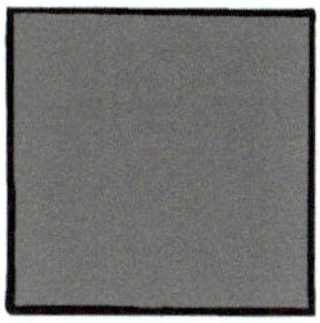

kwadraat

מרובע

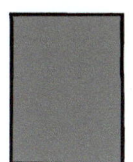

rechthoek

מלבן

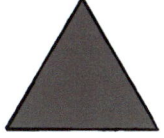

driehoek

משולש

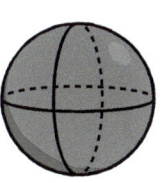

bol

כדור

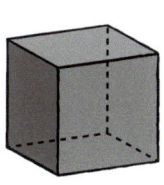

kubus

קובייה

kleuren

צבעים

wit

לבן

geel

צהוב

oranje

כתום

roze

ורוד

rood

אדום

paars

סגול

blauw

כחול

groen

ירוק

bruin

חום

grijs

אפור

zwart

שחור

tegengestelden

הפכים

veel / weinig

....

הרבה / מעט

boos / kalm

....

כועס / רגוע

mooi / lelijk

....

יפה / מכוער

begin / einde

....

התחלה / סוף

groot / klein

....

גדול / קטן

licht / donker

....

בהיר / כהה

broer / zus

....

אח / אחות

proper / vuil

....

נקי / מלוכלך

volledig / onvolledig

....

שלם / חלקי

dag / nacht

....

יום /לילה

dood / levend

....

מת / חי

breed / smal

....

רחב / צר

eetbaar / oneetbaar

אכיל / לא אכיל

kwaadaardig / vriendelijk

רשע / טוב לב

opgewonden / verveeld

מתרגש / משועמם

dik / dun

שמן / רזה

eerst / laatst

ראשון / אחרון

vriend / vijand

חבר / אויב

vol / leeg

מלא / ריק

hard / zacht

קשה / רך

zwaar / licht

כבד / קל

honger / dorst

רעב / צמא

ziek / gezond

חולה / בריא

illegaal / legaal

בלתי-חוקי / חוקי

intelligent / dom

נבון / טיפש

links / rechts

שמאל / ימין

dichtbij / veraf

קרוב / רחוק

nieuw / gebruikt

חדש / משומש

niets / iets

כלום / משהו

oud / jong

זקן / צעיר

aan / uit

פעיל / כבוי

open / dicht

פתוח / סגור

stil / luid

שקט / רועש

rijk / arm

עשיר / עני

juist / fout

נכון / שגוי

ruw / glad

מחוספס / חלק

droevig / blij

עצוב / שמח

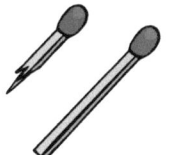

kort / lang

קצר / ארוך

traag / snel

איטי / מהיר

nat / droog

רטוב / יבש

warm / koud

חם / קר

oorlog / vrede

מלחמה / שלום

cijfers

מספרים

0	**1**	**2**
nul	één	twee
אפס	אחת	שתיים
3	**4**	**5**
drie	vier	vijf
שלוש	ארבע	חמש
6	**7**	**8**
zes	zeven	acht
שש	שבע	שמונה
9	**10**	**11**
negen	tien	elf
תשע	עשר	אחת-עשרה

12

twaalf

שתים-עשרה

13

dertien

שלוש-עשרה

14

veertien

ארבע-עשרה

15

vijftien

חמש-עשרה

16

zestien

שש-עשרה

17

zeventien

שבע-עשרה

18

achtien

שמונה-עשרה

19

negentien

תשע-עשרה

20

twintig

עשרים

100

honderd

מאה

1.000

duizend

אלף

1.000.000

miljoen

מיליון

Talen

שפות

Engels

אנגלית

Amerikaans Engels

אנגלית אמריקאית

Chinees (Mandarijn)

סינית מנדרינית

Hindi

הודית

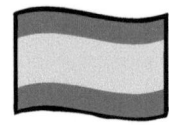

Spaans

ספרדית

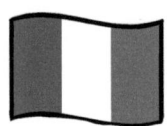

Frans

צרפתית

Arabisch

ערבית

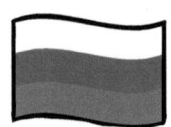

Russisch

רוסית

Portugees

פורטוגזית

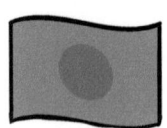

Bengali

בנגלית

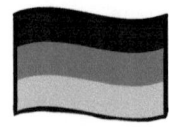

Duits

גרמנית

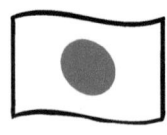

Japans

יפנית

wie / wat / hoe

מי / מה / איך

ik

אני

u

אתה / את

hij / zij / het

הוא / היא / זה

wij

אנחנו

u

אתם

ze

הם

wie?

מי?

wat?

מה?

hoe?

איך?

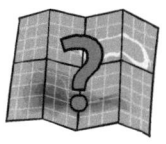

waar?

איפה?

wanneer?

מתי?

naam

שם

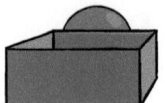

waar

איפה

achter

מאחור

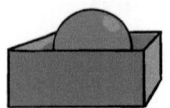

in

בתוך

voor

לפני

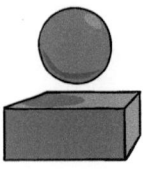

boven

מעל

op

על

onder

מתחת

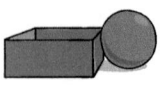

naast

ליד

tussen

בין

plaats

מקום